LE VALLON
Cécile Sauvage

First published by Mercure de France, 1913
2020 edition by Book On Demand

All rights reserved. No part of this publication may be reproduced, stored or transmitted in any form or by any means, electronic, mechanical, photocopying, recording, scanning, or otherwise without written permission from the publisher. It is illegal to copy this book, post it to a website, or distribute it by any other means without permission.

Dédicace manuscrite de Cécile Sauvage : exemplaire de l'ouvrage "Les Muses d'aujourd'hui" de Jean de Gourmont (1877-1928) conservé dans le fonds de l'University of Toronto (Identifier-ark ark:/13960/t6445x57r)

Copyright © 2020 Cécile Sauvage (domaine public)

Avant-propos 1910 de Jean de Gourmont © 1910 Jean de Gourmont

Texte de P.-J. Hormière © 2020 P.-J. Hormière (tous droits de l'auteur réservés) Source : https://lescoursdemathsdepjh.monsite-orange.fr/

Édition : BoD – Books on Demand, 12/14 rond-point des Champs-Élysées, 75008 Paris.

Impression : BoD - Books on Demand, Norderstedt, Allemagne.

ISBN : 9782322252794

Dépôt légal : Octobre 2020

Tous droits réservés

This book was professionally typeset on Reedsy.
Find out more at reedsy.com

J'aurai des parentés avec la mère-poule,
Avec la mère-biche, avec la guêpe seule
Qui fait glisser son vol sur un fil de soleil
Et qui faise sur l'œil l'alicante vermeil.
Les bourgeons paraîtront des tétines de chatte
Que bleuit le chaton sous sa morsure ingrate...

     Cécile Sauvage.

introduction

La cage et l'oiseau : Cécile Sauvage (1883-1927) et Olivier Messiaen (1908-1992)

Marie de France, Louise Labé, Marceline Desbordes-Valmore, Anna de Noailles, Marie Noël, Cécile Sauvage... rares sont les poétesses françaises dont l'histoire littéraire a retenu le nom. Cécile Sauvage est surtout connue pour ses poèmes de maternité : par une conjonction extraordinaire du destin, l' « âme en bourgeon » qu'elle mit au monde le 10 décembre 1908, le petit Olivier Messiaen, devint l'un des grands compositeurs du XXème siècle. Il a fallu attendre près d'un siècle pour que Béatrice Marchal révèle, et fasse connaître, un autre pan de l'œuvre de Cécile Sauvage : elle a chanté l'amour avec des accents à nuls autres pareils. Son recueil Prières, composé en 1914-1915, contient le plus bel alexandrin qui soit sur l'éternel masculin. Ainsi, de l'œuvre de Cécile Sauvage nous avions une image incomplète, et fausse. Selon Bernard Plessy, cette découverte est un événement majeur dans le domaine de la poésie française. En tout cas, en détruisant le manuscrit d'Hémérocalle et la Guerre, Pierre Messiaen nous a privés d'une des rares œuvres poétiques féminines inspirées par la

Grande Guerre. Cette chronologie précise les dates, les lieux et les étapes d'un destin. Elle est tirée des travaux de Béatrice Marchal, des exposés de Madeleine Primet et Bernard Plessy, et de sources diverses. Que l'on ne s'y trompe pas : l'histoire ici résumée est l'histoire d'un drame.

P.-J. Hormière

Références :

Cécile Sauvage, Œuvres, préface de Jean Tenant (Mercure de France, 1929).

Cécile Sauvage, Ecrits d'amour, édition établie, présentée et annotée par Béatrice Marchal (éditions du Cerf, 2009).

Béatrice Marchal, Les Chants du silence (éditions Delatour, 2008)

La « cabrette des Basses-Alpes » et l'étudiant catholique

1883. 13 mars, naissance de Pierre Léon Joseph Messiaen à Warwick (auj. Werwicq-Sud, Nord), dans une famille rurale et très croyante. Fils de Charles Adolphe Messiaen (1841- 1904) et de Marie Flavie Demytteneare (1853-1932), il est le quatrième de sept enfants. 20 juillet. Naissance de Cécile Anne Marie Antoinette Sauvage à La Roche-sur-Yon (Vendée). Son père, Gal Prosper Sauvage, né à Caderousse (Vaucluse) le 16 octobre 1847, est professeur d'histoire. Sa mère, Marie Eugénie Jolivet, est née à Lille le 13 décembre 1857. Ils se sont mariés à Avignon le 4 octobre 1882.

1884. Prosper Sauvage est nommé à Châteauroux.

1888. La famille Sauvage s'établit à Digne. C'est là, dans la Villa des glycines, avenue des Sieyes, que Cécile passe son enfance et sa jeunesse, dans une famille simple, unie et cultivée, d'opinions voltairiennes. Son jeune frère, André, deviendra chirurgien à Grenoble, sa jeune sœur, Germaine, professeur de physique-chimie à Romans.

1898. Le stéphanois Jules Fournier-Lefort (1856-1926), directeur d'une usine de rubans et d'une papeterie, fonde La Revue forézienne, dans un but de décentralisation culturelle. Ce mécène catholique pratiquant et utopiste a aussi fondé un restaurant mutualiste, et, en 1907, l'Ecole de Papeterie de Grenoble.

1900. Après des études dans diverses institutions religieuses (les maristes de Linselles, les rédemptoristes à Urrier, en Suisse, les jésuites à Amiens, et le Sacré Cœur de Tourcoing), Pierre Messiaen s'inscrit à la Faculté catholique de Lille. Il milite dans les milieux catholiques et barrèsiens, contre les dreyfusards et les lois de laïcité, et est critique littéraire dans la revue La Grande Garde.

1902. Pierre Messiaen rend visite à son maître à penser Maurice Barrès, à Neuilly.

1903. Cécile écrit un long poème intitulé *Les trois Muses*. Prosper Sauvage, féru lui-même de poésie (il est félibre) l'envoie à son frère Charles, vétérinaire à Orange, qui le fait parvenir à Frédéric Mistral. Ce dernier répond à Cécile, en l'appelant « ma chère petite Aréthuse », du nom d'une naïade qui fut transformée en source pour échapper au dieu Alphée, et « la cabrette des Basses-Alpes ». A ses encouragements il joint les adresses de plusieurs revues de province, où il l'engage à publier. Cette année-là, Pierre Messiaen obtient sa licence à Lille.

1904. Pierre Messiaen occupe de modestes fonctions d'enseignant dans un établissement libre d'Arcueil. Il envoie à la Revue forézienne, dont la devise est Foi, volonté, travail, des articles sur Maurice Barrès, Fernand Gregh, Anna de Noailles.

1905. En mai, Pierre Messiaen est nommé secrétaire de rédaction de la Revue forézienne. Il s'installe à Saint-Etienne, rue d'Isly, et a pour collaborateur et ami le jeune maurrassien Jean Tenant 1. Cécile envoie *Les trois Muses* à la Revue. En juillet, la revue change de nom et devient la Revue de Lyon et du Sud-Est illustrée. Le poème y est publié en octobre. En novembre, Cécile et Pierre font connaissance à Lyon pendant trois jours, en présence du frère de Cécile, lors de longues promenades au bord du fleuve.

1906. La Revue publie d'autres poèmes de Cécile, *Vers l'azur*, vaste poème en deux parties, et *L'âme universelle*, composée de plusieurs mouvements, *Clair de lune, Trêve, Le cœur sensible, Rires, Conformités, Chansons crépusculaires, Impressions, Inanition, Crépuscule, L'idole, Les phalènes, Le pâtre, Soirées d'Automne, Le livre, Angoisses*. Rédacteur en chef, Pierre Messiaen se sent de moins en moins libre, en raison de ses divergences de vue avec l'ambitieux Mario Roustan. Il découvre également le poète Olivier Calemard de Lafayette (1877-1906), qui mourra peu après. En juillet, Pierre Messiaen passe une quinzaine de jours chez les Sauvage, à Digne ; il repasse à Digne, à Noël, et bientôt se déclare.

1907. Surmontant leurs divergences religieuses (Cécile ne va pas à la messe), Pierre et Cécile décident de se marier. Trois poèmes de Cécile sont publiés au Mercure de France, sur la recommandation de Remy de Gourmont. Le 9 septembre, Cécile Sauvage et Pierre Messiaen se marient en l'église des Sieyes, près Digne. En octobre, la famille Sauvage s'installe à Avignon, route de l'Arrosaire, où les parents Sauvage ont repris pour leur retraite la maison de la grand-mère maternelle de Cécile, décédée fin 1905. Le jeune couple loge dans cette maison, mais Pierre Messiaen part bientôt effectuer son service militaire, qui dure à l'époque deux ans.

L'âme en bourgeon.

1908. En cette année, les jeunes mariés se voient peu. Cécile, enceinte, envoie de longues lettres à son mari. 1 er juin, parution du poème *Thyrsis et Gorgo* dans la revue Le Feu. 10 décembre. Naissance d'Olivier Eugène Charles Prosper Messiaen, à Avignon. Il est baptisé en l'église Saint Didier, le jour de Noël.

1909. Pierre prend congé de la Revue forézienne. En avril, Cécile rejoint Pierre à Ambert, dans le Livradois. Pierre a été nommé professeur au collège, où il a pour collègue le futur poète, romancier et conteur Henri Pourrat (1887- 1959). Une fois par mois, il va à Clermont pour préparer sa licence d'anglais. Cécile entre en relation épistolaire avec Jean de Gourmont, jeune frère, né en 1877, de Remy de Gourmont (1858-1915), et comme lui homme de lettres, romancier et chroniqueur au Mercure de France. C'est grâce à Jean de Gourmont que seront publiés au Mercure les deux recueils de Cécile.

1910. Parution au Mercure de France de son premier recueil, *Tandis que la terre tourne*. Jean de Gourmont publie dans son volume *Muses d'aujourd'hui*, Essai de physiologie poétique, un essai sur la poésie féminine, contenant un article fort élogieux sur Cécile.

1912. A Pâques, Cécile fatiguée vient à Grenoble auprès de ses parents, qui vivent chez leur fils André, chirurgien en exercice. Le 30 août, elle met au monde second fils, Alain, à Ambert. Elle reste à Grenoble jusqu'à fin octobre.

1913. Parution au Mercure de France du second recueil, *Le*

Vallon. Pierre obtient l'agrégation d'anglais, à la suite de quoi il est nommé professeur à Nantes.

Eperdue, et perdue ...

Printemps 1914. Cécile Sauvage a une liaison amoureuse intense et secrète, vite interrompue par la guerre, avec Jean de Gourmont. Elle le reçoit chez elle, à Nantes, lors d'une absence de son mari, et lui rend visite à Paris. De cet amour passionné, Cécile sort complètement transformée. Amour dissymétrique : Jean de Gourmont est un séducteur, qui reçoit des visites féminines, dans l'appartement parisien qu'il occupe, au-dessus de celui de son frère. Cécile est-elle tombée enceinte ? Un poème semble faire allusion à une fausse couche. Cette liaison sera découverte par Pierre Messiaen à la mort de sa femme ; il fera tout pour la cacher. Elle ne sera révélée au public qu'en 2003.

1914-1918. Cécile Sauvage passe les cinq années de guerre avec ses enfants, de l'été 1914 à l'automne 1918, à Grenoble, 2, cours Berriat, chez son frère Alain. Pierre est mobilisé comme soldat-interprète dans l'armée britannique, Jean de Gourmont est également mobilisé.

août 1915. Cécile achève un recueil en prose de 23 poèmes, *L'Etreinte mystique*, ainsi qu'un recueil de poèmes, *Prières*, qui célèbre son amour passionné pour Jean de Gourmont. En décembre meurt Prosper Sauvage, malade et aveugle. En 1916, Cécile écrit un poème à sa mémoire, O mon père. Entre 1916 et 1919, elle compose « un drame immense, sorte de poème épique situé entre ciel et terre ». Il se compose de deux parties, *Hémérocalle et la guerre, Hémérocalle et l'amour*. Le tout a été perdu, sans doute détruit par Pierre à la mort de Cécile, sauf le tableau V d'*Hémérocalle et l'amour*. Cécile s'enferme pour travailler, sa mère et son frère s'occupant des enfants. Olivier met en scène Shakespeare devant son petit frère, dans des décors fait maison à partir de cellophane pente à l'aquarelle et collée sur des vitres. En 1916, il lit les partitions chant-piano de deux opéras de Gluck, Orphée et Alceste, et du Don Juan de Mozart. En 1917, à neuf ans, il compose une première pièce pour piano, La Dame de Shalott, inspirée d'un poème d'Alfred Tennyson que lui lisait sa mère. Yvonne Loriod interprètera cette pièce en 1973, un an près que les deux frères aient la pleine révélation de la passion vécue par leur mère.

17 décembre 1915. Mort de Prosper Sauvage, à Grenoble.

1918-1919. Durant cette année nantaise, Olivier Messiaen révèle des dons musicaux si hors du commun que, sur le conseil de son professeur de piano Jehan de Gibon, ses parents décident d'aller vivre à Paris afin de permettre à leur fils de poursuivre ses études au plus haut niveau. Olivier donne des récitals de piano dans la bonne société. Le 22 juin 1919, il fait sa communion solennelle en l'église Sainte-Elisabeth. Jehan de Gibon lui offre la partition chant-piano de Pelléas et Mélisande. Pierre obtient sa mutation pour la rentrée 1919 au lycée Charlemagne. La famille s'installe à Paris, dans le quartier des Halles, 67 rue Rambuteau, dans un deux-pièces exigu, parents et enfants dormant dans la même chambre. Le père n'est jamais là, et prépare ses cours ailleurs. Reçu par Gabriel Fauré, directeur du Conservatoire, Olivier étudie les percussions et le piano. Il a pour maîtres Maurice Emmanuel et Marcel Dupré pour l'improvisation et l'orgue, Paul Dukas pour l'orchestration et la composition. C'est sans doute à cette date que Cécile confie à sa sœur et confidente Germaine (qui avait eu elle-même un grand chagrin d'amour) ses *Ecrits d'amour*, ne gardant qu'une copie.

Un désastre humain ...

1920. En février, Jean de Gourmont épouse Suzanne Baltasar. Cécile Sauvage, rongée par la tuberculose, s'enfonce dans la neurasthénie. Elle refuse de voir tout médecin. Une hantise des microbes et diverses phobies lui interdisent d'ouvrir les fenêtres, d'aérer et de balayer sa chambre.

1924. Olivier obtient un second prix d'harmonie. Naissance d'Yvonne Loriod, à Houilles (Yvelines).

1925. Jean de Gourmont publie un roman, *L'art d'aimer*. En 1925-1926, Cécile Sauvage écrit un drame lyrique, *Aimer après la mort*, de 1750 vers. Elle rend visite à Paul Léautaud dans l'espoir de faire du journalisme.

1926. Olivier obtient un premier prix de fugue et de contrepoint.

1927. De cette année, subsiste un court écrit de Cécile, Sainte Marie l'Egyptienne. Elle a beaucoup maigri, elle tousse et a une jambe enflée. Le 16 juillet, Pierre Messiaen part à Chartres avec Alain ; Olivier reste auprès de sa mère. Cécile donne le change à son mari sur son état de santé. Le lundi de la dernière semaine, Cécile et Olivier partent à Montlhéry, dans un petit hôtel qu'ils connaissaient, afin de profiter d'un air meilleur. Deux jours plus tard, Cécile doit s'aliter, Olivier prévient son père. Transportée à l'Hôtel-Dieu, Cécile meurt le 26 août. Le 28, Pierre écrit à sa belle-mère : « Il n'y a jamais eu d'autre incident entre elle et moi que cette volonté farouche de s'anéantir poursuivie pendant des années et accompagnée d'une hantise des microbes. J'ai écrit, à ce sujet, à André, fin avril, une lettre que je n'aurais pas dû écrire et où je lui marquais que j'étais excédé de cette neurasthénie suicide pour elle-même et pour les enfants. Quand je la grondais et la suppliais d'être raisonnable, elle me faisait taire en criant plus fort que moi. Elle a vécu ces six dernières années dans une chambre jamais aérée, jamais éclairée, jamais nettoyée. En dehors de sa neurasthénie, un prodige d'intelligence, d'esprit, de charme. L'été et l'hiver derniers, je lui ai relu tout Racine, du Corneille, du Shakespeare, du Calderón, l'Odyssée. » Olivier a obtenu un premier prix d'accompagnement au piano. Son état de santé est alarmant : phobies et anémie d'origine tuberculeuse. Il passe en famille plusieurs mois à la campagne, et recouvre la santé.

1928. Le 19 février, Jean de Gourmont meurt brutalement, moins de six mois après Cécile.

... et littéraire ...

1929. Pierre Messiaen, maintenant professeur à l'Institut catholique de Paris, publie au Mercure de France les Œuvres de Cécile Sauvage. Il s'agit d'un choix arbitraire et incomplet. L'Âme en bourgeon y figure in extenso, mais des trois premières parties de Tandis que la terre tourne, on ne compte que 12 poèmes sur 32. Le Vallon y est amputé de nombreuses pages ; la dédicace « Pour Alain Messiaen » remplace la dédicace originelle « A Jean de Gourmont ». Enfin, un troisième livre, Primevère, présenté comme daté de 1913 et inachevé, n'est en fait qu'un montage d'extraits des *Ecrits d'amour*, les poèmes inspirés par Jean de Gourmont étant soi-disant dédiés à Pierre Messiaen. Les Œuvres poétiques complètes, publiées en 2002 à La Table ronde (collection Petite Vermillon) ne font que rééditer cette version tronquée de l'œuvre de Cécile Sauvage, devenue à la fois icône maternelle et épouse modèle, image qu'Henri Pourrat avait fidèlement reprise et amplifiée dans *La veillée de novembre*, paru en 1929. Dans la revue *Les Amitiés de Saint-Etienne*, paraissent les poèmes *Géométries* en décembre 1929, et *Tristan et Yseut* en février 1930.

Pierre Messiaen se remarie dès 1929 avec Marguerite Elie. Ils auront un fils, Charles-Marie Messiaen.

1930. Parution des Lettres à Pierre Messiaen (Ed. des Amitiés, Saint-Etienne).

1931. Olivier Messiaen est titulaire du grand orgue de l'église de la Trinité, à Paris, où ses improvisations sont vite célèbres.

1932. Le 22 juin, Olivier Messiaen épouse la violoniste Claire Justine Delbos (1906-1959). Ils auront un fils, Pascal.

1936. 1 octobre, mort de Marie Eugénie Jolivet, mère de Cécile Sauvage, à Grenoble.

1939-1943. Pierre Messiaen publie, chez Desclée de Brouwer, une traduction des *Œuvres complètes de Shakespeare* : comédies (1939), tragédies (1941), drames historiques et poèmes lyriques (1943). Dans les années 50, il publiera des traductions de Milton, Whitman et Emily Dickinson, chez Aubier.

1940. Mobilisé comme simple soldat, Olivier est fait prisonnier. C'est au Stalag VIII-A de Görlitz qu'il compose son *Quatuor pour la fin du temps*, exécuté le 15 janvier 1941 par un groupe de prisonniers, la partie de piano étant jouée par le compositeur. Libéré en mars 1941, il revient enseigner à Paris et est nommé l'année suivante professeur d'harmonie au Conservatoire. A son retour d'Allemagne, Olivier avait demandé à son père où étaient le Livre d'amour, et le manuscrit d'Hémérocalle, de sa mère. Son père s'était mis en colère et avait prétendu qu'il avait disparu pendant la guerre. Olivier ne se consolera jamais de la perte d'Hémérocalle et la Guerre, qu'il estimait être un chef d'œuvre.

1944. Pierre Messiaen publie *Images*, chez Desclée de Brouwer. Il y évoque ses souvenirs d'enfance et de formation, sa rencontre avec Barrès, ses convictions religieuses. Si Cécile Sauvage tient une place centrale, le drame traversé par le couple n'est pas mentionné.

1946-48. Composition de la gigantesque *Turangalila-Symphonie*.

1957. 26 mai, mort de Pierre Messiaen, à Orange.

1961. Après la mort de son épouse, Claire Delbos, en 1959, Olivier épouse son ancienne élève Yvonne Loriod, pianiste et professeure.

1972. Mort de Germaine Tatin-Sauvage, sœur de Cécile. Olivier et Alain récupèrent, dans un classeur noir, les manuscrits en prose et en vers où leur mère avait, en 1914-1915, chanté ses amours avec Jean de Gourmont.

1990. Mort d'Alain Messiaen, homme de lettres et poète comme sa mère.

1992. 27 avril, Olivier Messiaen meurt à l'hôpital Beaujon de Clichy-la-Garenne. Il est enterré à Saint-Theoffrey, près de Laffrey et Vizille ; sa tombe est surmontée d'une stèle en forme d'oiseau.

1995. Béatrice Marchal-Vincent présente une thèse à Paris IV sur l'Œuvre poétique de Cécile Sauvage.

2003. Le 28 avril, Yvonne Loriod-Messiaen confie à Béatrice Marchal le fameux classeur contenant *L'Etreinte mystique*, *Prière*, les fragments de *L'Aile et la Rose*, et quelques brouillons.

2009. En octobre, publication des *Ecrits d'amour* aux éditions du Cerf.

2010. 17 mai, mort d'Yvonne Loriod-Messiaen, à Saint-Denis. 21 et 24 mai. Journées Messiaen-Sauvage à la médiathèque de Tarentaize et à la cathédrale Saint-Charles de Saint-Etienne.

CÉCILE SAUVAGE

PORTRAIT ET AUTOGRAPHE

par Jean de Gourmont

La poésie de Cécile Sauvage est une poésie de plein air et de plein vent : elle a la souplesse et La sveltesse d'un arbre solidement attaché à la terre, mais qui s'élance de toutes ses Branches vers la lumière. Il y a dans ses vers un amour de la vie pour elle-même, qui ne cherche pas à comprendre au-delà de la sensation d'être. Ce contact direct avec la nature, cette participation à tous ses mouvements a permis à cette Muse de la surprendre dans ses gestes les plus secrets et comme dans sa nudité même. Elle s'est approchée d'elle, comme un amant de son amante, et l'a respirée, avec une curiosité passionnée. Curiosité de ses propres sensations, désir de fixer toutes les émotions de sa vie, il n'y a pas de poésie sans cela. On a cette joie en lisant les poèmes de Cécile Sauvage, de voir que cette jeune femme ne s'est laissée suggestionner par aucune poésie antérieure ; les images qu'elle nous offre sont toutes fraîchement cueillies et ont encore l'humidité parfumée des fleurs coupées au buisson.

Sa philosophie est une sorte de panthéisme où elle éprouve le besoin de se baigner jusqu'au cou. La nature, elle le sent bien, n'est que le prolongement de son être :

… Je porte le jour ainsi qu'on porte un cœur
   Ou comme lourdement on traîne une douleur.
   Et je ne sais plus bien parfois ce que je suis,
   Si mon âme est le jour, si le jour est mon âme.

Dans ces communions pourtant je reste femme
   Et ma douceur sourit ; peut-être je suis Dieu,
   De me trouver ainsi tout entière en tout lieu,
   D'être une et d'être mille avec des yeux sans nombre…

Mais, davantage encore : elle est toute la nature, et sa poésie sera une vivification de la formule de Schopenhauer : « Le monde est ma représentation. » Une autre pensée pèse sur elle : on est en prison sur la terre ; jamais on ne pourra s'en évader que pour mourir. Elle titube comme une petite mouche, ivre dans l'éther. J'ai rêvé, dit-elle,

J'ai rêvé de saisir la comète à la queue
   Et d'approcher Vénus où clignote un feu vert.
   Je fuirai sans avoir, sur les monts de la lune,
   Cherché parmi les rocs des coquillages morts,
   Et, poursuivant son vol pesant et sa fortune,
   L'astre s'éloignera jaloux de ses trésors.
   Je ne m'asseoirai pas au clos de la Grande Ourse
   Dont le lopin d'azur hante mes soirs d'été ;
   Comme un cheval lancé dans l'arène à la course
   Je tournerai toujours dans mon humanité.

Au bout de cette course, il faudra « rentrer dans la mort

comme dans un étui ». Obsédée par cette pensée d'être un petit être éphémère, accroché aux flancs de la Terre, ce grain de poussière égaré dans l'espace, Cécile Sauvage a intitulé son livre : *Tandis que la Terre tourne*. La nuit, lorsque le réseau des étoiles enveloppe la terre, et que nous pouvons nous situer dans l'étendue, la poétesse éprouve vraiment le vertige d'une course haletante, à se sentir emportée, sans savoir pourquoi, vers de mystérieuses constellations. Ce n'est pas une inquiétude métaphysique, mais une angoisse toute humaine, faite de l'impossibilité de s'échapper, et de sentir le poids de l'atmosphère sur son âme et sur ses épaules. Toute la nature participe à cette angoisse :

L'arbre, cherchant de l'air, du tronc crispé s'élance ;
   En son étroit bassin, la source halète et meurt ;
   L'ombre, dans les recoins, bâillonne la lueur ;
   Sous la glèbe enfouie avorte la semence.

Mon sein pour respirer doit soulever un mur ;
   La lune, en haut, blêmit dans son carcan d'azur.

> Jean de Gourmont
> - Muses d'aujourd'hui,
> 1910, 3e ed. 216-217.

Le Vallon

À Jean de Gourmont.

Beauté, dans ce vallon étends-toi blanche et nue
   Et que ta chevelure alentour répandue
   S'allonge sur la mousse en onduleux rameaux ;
   Que l'immatérielle et pure voix de l'eau
   Mêlée au bruit léger de la brise qui pleure
   Module doucement ta plainte intérieure.
   Une souple lumière à travers les bouleaux
   Veloute ta blancheur d'une ombre claire et molle :
   Grêle, un rameau retombe et touche ton épaule
   Dans le fin mouvement des arbres où l'oiseau
   Voit la lune glisser sous la pâleur de l'eau.
   Ô silence et fraîcheur de la verte atmosphère
   Qui semble dans son calme envelopper la terre
   Et t'endormir au sein d'un limpide univers,

LE VALLON

Ô silence et fraîcheur où tes yeux sont ouverts
Pour suivre longuement ta muette pensée
Sur l'eau, dans le feuillage et dans l'ombre bercée.
Immortelle beauté,
Pensée harmonieuse embrassant la nature,
Endors sereinement ton rêve et ton murmure
Au-dessus des clameurs lointaines des cités.

Le monde à ton regard s'efface et se balance
   Autour de ces bouleaux pleureurs
   Et l'hymne de ton âme infiniment s'élance
   Dans l'insaisissable rumeur.

Vallon, pelouse, silence
   Où l'ombre vient s'allonger ;
   Une pâle lueur danse
   Et de son voile léger
   Effleure ta forme claire
   Sur qui rêvent les rameaux
   Et le mouvement de l'eau
   Paisible entre les fougères.

Ne te retourne pas, ô Dame,
   Va vers l'ombre qui te réclame,
   Vers ce feuillage, dans ce calme
   Où la fougère offre sa palme.
   Le rêve de ta poésie
   Se dérobe avec jalousie
   Au vent de crime et de folie

Qui là-bas emporte la vie.
Ô tristes maisons inclinées
D'où s'évapore la fumée
Et qu'on voit entre la ramée,
Qu'importent toutes vos journées
Si l'éloignement de vos toits
S'harmonise avec le sous-bois
Où le calme parle à mi-voix,
Où l'oiseau pleure avec émoi,
Où l'arbre berce sa ramée.

Ô Beauté, noble exilée,
  Dans l'ombre de cette allée
  Chemine et rêve tout bas,
  Car la nature subsiste
  Ici d'entendre le triste
  Et léger bruit de tes pas.

Soupire, soupire, mon cœur,
  Que pleures-tu, quelle douleur
  T'élance ?
  Je ne sais ; la douce couleur
  Du ciel, le murmure et l'odeur
  De l'arbre, un soir pur et rêveur
  Sont l'atmosphère de mon cœur
  Qui pense.

En ronde tournons,
   Tournons autour des colonnes grises
   De l'église
   Qui se détache sur les monts.
   Savons-nous si le temps chemine ?
   L'heure s'endort sur la colline.
   Nous vivons à l'âge incertain
   Futur peut-être ou si lointain
   Dans le passé que notre ronde
   Invisible au-dessus du monde
   Entoure les colonnes grises
   De l'église.

Rêves d'une âme, lent mirage,
   Non certes nous n'avons pas d'âge
   Et le même triste bouleau
   Qui pleure et se penche sur l'eau
   Prendra toute haute pensée
   Dans sa ramure balancée
   Plus tard et quand notre nuée
   Aura dispersé sa fumée.

Nous passerons, nous passerons
   Mais dans le tranquille vallon,
   Sous la fraîcheur solitaire
   Croîtront encor les fougères,
   Et dans le pâle bouleau
   Le rêve onduleux et beau
   Bercera sa chevelure

Le long des grêles ramures,

Les hommes s'en vont et passent,
  Jeunes et vieux, sous l'espace
  Qui somnole et tout s'efface.

Leurs maisons en taupinières
  S'enfoncent dans les bruyères ;
  Au clocher paisible et lent
  Répondent leurs mouvements.
  Puis, une vapeur embrume
  La campagne, les toits fument
  Et le soir meurt indolent.

Et ce sont là les journées.
  Ces hommes dans la vallée
  Vont détourner un ruisseau,
  Eux plus vagues que dans l'eau
  Leurs images reflétées.

Des baisers sont échangés ;
  La bergère et le berger
  Se promettent à la brune
  D'unir la même infortune ;
  Et tous deux à pas plus longs
  S'éloignent dans le vallon
  Enveloppés par la lune.

LE VALLON

Ils vont. De tranquilles fleurs
   Sous les ombres sans couleur
   Frôlent leur marche légère
   Et peut-être dans ces cœurs
   Font naître avec leur odeur
   La tristesse du mystère.

Devant un rang de bouleaux,
   Et d'humble argile pétrie,
   La maison sur la prairie
   Rêve en ses troubles carreaux.
   Le vent frais se lève et flotte.
   Sur le seuil, vague, falote,
   Une jeune femme apparaît,
   Étend la main vers la prairie
   Au vent qui va chasser la pluie,
   S'éloigne d'un pas effacé,
   Revient avec un homme en blouse.
   Tous deux regardent la pelouse,
   Les monts brumeux, l'air indolent ;
   Ils entendent avec le vent
   Le murmure des bouleaux blancs,
   Rentrent mélancoliquement.
   Elle se penche à la fenêtre,
   Ferme les volets. Tout est clos.
   L'ombre s'avance et pénètre
   Le rang léger des bouleaux ;
   On sent que la lune pure
   Va derrière la toiture

Naître avec un chant d'oiseau.

Deux hommes comme vêtus d'ombre
   Marchent sur la pelouse sombre
   Et s'enfoncent dans le feuillage
   Où s'évaporent les nuages ;
   Un chien à peine dessiné
   Les suit, tête basse, en silence.
   On ne sait ce que le chien pense
   Ni pourquoi ces gens embrumés
   Marchent dans l'ombre avec cadence.

Le sommeil des plantes s'élève,
   Celui des bouleaux sur le sol
   Retombe. C'est dans l'air qui rêve
   Le silence du rossignol.
   Mais aucun oiseau ne murmure
   À l'ombre des feuilles légères
   Et seule une eau s'éloigne pure
   Entre les palmes de fougères.
   Une cloche sonne
   Sur la terre des morts ;
   Sa note résonne,
   S'élève, tremble, s'endort.
   Un long cercueil s'achemine
   Dans le silence des collines
   Porté par des femmes en pleurs.

Et souriant sur la fraîcheur
De notre pelouse immortelle
Nous marchons entre les fleurs,
Calices d'azur, ombelles.
Balancez-vous, rameaux,
Balancez-vous, clochettes,
Ô brises et repos,
Libellules muettes.
L'entre-croisement souple des ramures
Retombe et s'agite avec un murmure
Et les doux oiseaux dont l'aile frissonne
Volent mollement du bouleau à l'aulne.
La brise porle nos bras blancs
Dans leurs suaves mouvements,
Et nos jambes fines s'élancent
Comme des tiges. L'air balance
Autour de nous nos longs cheveux,
L'air pâle et bleu.

Ma tête, penche-toi sur l'eau blanche et dénoue
    Dedans tes longs cheveux et que l'eau passe et joue
    Au travers, les emporte au mouvement des vagues
    Dans le sommeil flottant et végétal de l'algue.
    Que le glissement calme et murmurant de l'eau
    Entraîne hors de ton front cet impalpable flot
    De pensée et de rêve avec tes longues tresses
    Qui mêlent au courant leur fuyante souplesse.

Vallon, feuillages enchantés,
  Il y a des larmes pour la beauté.

Élève-toi, cœur noble et triste :
  Le rêve à jamais subsiste
  De tout ce qui fuit ;
  Car le rêve fuit et jamais ne se pose,
  Il se berce des bouleaux à la rose,
  De l'aube à la nuit.

Là-bas dans un pré des vaches s'avancent
  Le soir ; leur pelage a l'air d'être froid ;
  Le vallon bleuit, la bergère chante,
  Le calme est troublé par sa rude voix
  Qui paraît venir d'ailleurs ou qui semble
  Le cri d'un farouche et simple animal.
  Puis elle se tait quand le bouleau tremble
  Au vent de la nuit et d'un pas égal
  Une à une alors les vaches reviennent
  Se suivant de près sur l'horizon gris,
  Avec la bergère encor plus lointaine
  Dans l'ombre qui prend ses vagues habits.

Le frêne se balance et les bas noisetiers
  Traînent sombres sur l'herbe nette ;
  Les plantes de l'été se réveillent au pied
  Des bouleaux élancés et pâles ; la clochette

Secoue au vent muet sa lueur violette :

Voici venir le petit enfant
   Avec sa tête rose et son col blanc
   Et ses mollets nus. Il donne la main
   À son père dans les fleurs du chemin.
   La fleur touche au front la tête enfantine,
   Le père médite en suivant des yeux
   Le déroulement de cette vallée
   Entre le silence. Ô douce journée,
   Sous votre pâleur l'enfant est joyeux ;
   Avec un bâton ramassé par terre
   Il chasse des fleurs le pollen léger
   Qui paraît autour de lui voltiger
   Et s'évanouir en fine lumière.
   L'enfant appartient à cette atmosphère,
   Il est une fleur lui-même et l'oiseau
   Chante de le voir entre les rameaux.
   Ignorant encor de la destinée,
   Il va sans désir ni vaines pensées ;
   Le vent le poursuit, il poursuit le vent ;
   Ô petit enfant,
   Grâce du vallon, jeu dans la lumière,
   Jeu du papillon et de la fougère,
   Sommeil de la mousse où calme tu dors
   Comme un rêve clair dont l'ombre s'irise
   Avec un soupir plus frais que la brise
   Et plus doux encor.

Avance nu sous la ramure,

Jeune enfant aux grâces pures.
Cours en silence avec les libellules
Dans les campanules ;
Imite mes danses muettes
Et sans écraser les clochettes
Attrape ce papillon blanc
Qui flâne et glisse mollement
Et pose-le sur mon épaule.
Mais il s'envole.

N'es-tu pas mon jeune frère
  Serein parmi les fougères
  Avec ton beau regard laiteux
  Teinté de bleu ?
  Je suis ta sœur parce que j'aime
  Les bêtes, l'herbe et que je sème
  Au vent comme toi mes cheveux,
  Et parce que dans mon silence,
  Longue pelouse où se balancent
  Les bouleaux grêles,
  Flottent la jeunesse éternelle
  Et l'ombre et l'harmonie heureuse
  De l'enfance nébuleuse.

Le long rêve de la nature
  Mouvante dort dans mon silence,
  Le bercement et le murmure
  Harmonieux du monde immense.
  Monde de l'air impondérable,

LE VALLON

Toi qui subsistes pâle et bleu
Avec les vallonnements creux
Où les fougères, les oiseaux,
L'homme, les eaux
Dorment entre eux.

Non pleurer,
  Mais rêver ;
  Laisser courir l'heure fuyante
  Et l'ombre autour de la plante ;
  Se donner au mouvement doux
  Et continu de l'harmonie
  Qui berce avec de lents remous
  Dans une molle symphonie
  Les rangs de fleurs endormies,
  Les hautes fougères, l'eau
  Sous les feuilles, les bouleaux.

Que l'homme qui est ombre
  Vive avec la légèreté
  Calme de l'ombre
  Dans un silence de beauté.

Ah ! si ce vallon ne peut
  Avec son herbage bleu

Et ses dormantes fougères
S'étendre à toute la terre,
Ah ! que seule j'y demeure
Au pied du bouleau qui pleure ;
Que seuls, amis de beauté
Et de rêve se promènent
Dans l'atmosphère sereine
Sur un gazon velouté.

Un long silence autour de nous.
  Cette tête sur mes genoux
  Blanche et sévère
  Rejoint le calme de la terre.
  Les yeux sont clos sur un rire effacé,
  Les lèvres sont closes, le nez
  Est sans souffle. Dans l'air muet
  Parfois un soupir monte et s'achève.
  Plus je tiens ce visage de près,
  Plus je vois qu'il était fait d'un rêve.

Dame en robe noire ayant aux mains
  Un livre doré et de cuir fin,
  Il y a beaucoup d'orgueil en ces pages
  Et peu de certitude. Êtes-vous sage ?
  Un geste me plut : en venant
  Vous avez souri au petit enfant
  Qui, nu, s'élançait à travers la mousse

LE VALLON

Et vous avez eu comme une secousse
De peur lorsque l'ombre est tombée
Bleue et spectrale sur l'orée.

Pourquoi crains-tu, fille farouche,
  De me voir nue entre les fleurs ?
  Mets une rose sur ta bouche
  Et ris avec moins de rougeur.
  Ne sais-tu pas comme ta robe
  Est transparente autour de toi
  Et que d'un clair regard je vois
  Ta sveltesse qui se dérobe ?
  Triste fantôme de pudeur,
  Que n'es-tu nue avec la fleur
  D'un lis blanc dans ta chevelure,
  Un doigt sur ta mamelle pure.

Dans sa robe à fleurs une aimée,
  Dans son habit grave l'amant
  Paraissent nus tant leur pensée
  Sereine sur le vêtement
  Flotte, tant l'habit sombre épouse
  Le fin ramage de la blouse.
  Ils sont nus ; leurs habits sont faits
  D'un fluide suave et secret
  Qui les porte sur les clochettes,

Légers dans la brise muette.

L'idiot a l'âme de l'oiseau,
  Des fleurs tranquilles, du ruisseau.
  Ses bras ont des gestes de branches ;
  Il montre au soleil ses dents blanches
  Comme l'eau miroite aux lueurs
  Qui tombent des bouleaux pleureurs.
  Quand il trouve un rossignol mort,
  Il le prend, le berce et l'endort ;
  Et quand un rossignol murmure
  Dans le frêne ainsi qu'une eau pure,
  Il enlève son vieux chapeau
  Comme un dévot
  Et il rêve qu'un long ruisseau
  Souple où se mouillent des clochettes
  Coule sur les branches muettes.
  Son corps devient une âme immense
  Qui sans paroles flotte et danse
  Dans un vallon plein de ruisseaux,
  De campanules et d'oiseaux.

La femme simple et confiante
  Marche en souriant sur les plantes.
  Elle ne sait pas si c'est bien
  D'être nue : elle ne sait rien.
  Mais avec sa robe de laine

Elle approche de la Beauté
Et lui présente la verveine
Fleurie en son jardin d'été ;
La Beauté rit à l'âme douce
Qui s'achemine sur la mousse
Et tendrait aussi sa verveine
Au premier venu dans la plaine.

Où vont le plaisir, la douleur,
   Où l'actif et sobre labeur
   Sans regard, laissant derrière eux
   Des espaces de gazon bleu ?

Morne troupeau d'humanité
   Sur terre moutonnant en nombre,
   Comme les poussières d'été
   T'enveloppent de pâles ombres.

Là-bas, l'idiot, la noble dame,
   La femme simple, les amants,
   La foule obscure des passants
   S'éloignent dans la plaine calme.
   Les morts qui flottent autour d'eux
   Ne paraissent pas plus ombreux.

Marchons à travers les clochettes
   Sur les pelouses muettes,

Dansons, élevons nos bras blancs
Vers la lune et l'arbre mouvant ;
Dans la vaporeuse atmosphère
S'épure et somnole la terre ;
La femme au seuil de la maison
Clôt la porte ; les vaches vont
Vers leur étable à l'horizon ;
La ville lointaine recule
Plus encor dans le crépuscule
Et l'église monte, s'effile
Et grandit au sein de la ville ;
Dansons et rêvons.

Un vieil homme sur son cheval,
   Un homme en blouse aux gestes fous,
   Et la bête d'un trot brutal
   Enfonce les herbages mous.
   Que poursuit cet homme si vite,
   Lui si lourd écrasant des fleurs ;
   Quelle poursuite ou quelle fuite
   L'éloigne ainsi dans l'air songeur ?

Cette église au loin dans la brume
   S'envolant des maisons qui fument
     Est élevée à la Beauté.
     Sous la voûte où l'air calme enroule sa clarté
     Que les formes lourdes et rudes

LE VALLON

S'affinent dans la solitude ;
Car le jour des vitraux bleutés
Qui vient iriser les sculptures
Est celui du vallon d'été
Tranquille et frais sous la verdure.
Entrons et rêvons,
Entrons nus et purs dans la pâle église
Où l'ombre verdit, s'allonge, s'irise
Et semble un vallon ;
Un vallon avec des colonnes grises
Dont les fûts légers montent sur les murs
Aux vitraux d'azur.
Soyons nus et purs ;
Le monde est un rêve
Et sa lueur brève
Tombe de ces murs.
Ici pas d'habits,
Livres ou surplis ;
Venez nus et purs dans le vaste espace
En tenant des lis,
Comme un rêve lent de beauté qui passe.

Parfois en ronde nous passons
　Sur la ville ; on voit des maisons
　Grises, de petits jardins clos
　Et des femmes qui vont à l'eau
　Ou qui s'attardent sur les portes,
　Et des hommes et des cohortes ;
　Des voitures et des chevaux,

Des boutiques où l'écriteau
Et l'enseigne aux lettres cubiques
Ont vaguement l'air de rubriques
Immuables d'humanité.
L'heure sonne sur la cité
Donnant la note indéfinie
De l'atmosphère et de la vie,
Et la foule qui continue
Sa marche pâle dans les rues
Semble obéir fatale et sûre
À l'universelle mesure.

Parfois en ronde nous passons
   Sur cette ville et nous voyons
   Un homme à travers la lumière
   Donner un sens limpide aux lignes familières ;
   Une brume sereine entoure la laitière
   Et le signe d'humanité
   A mis sur chaque front une ombre de beauté.

Ô Beauté nue,
   Les oiseaux voient dans le calme
   Où la digitale remue,
   Où la fougère aux fines palmes
   Est encor d'un vert tendre au pied de l'aulne obscur.
   Une molle buée enveloppe l'azur,
   Allège les lointains, les arbres, les maisons,
   Noie à demi la ferme et le dormant gazon

Et fait de la montagne une ombre aux lignes pures.
Pas un souffle, pas un soupir, pas un murmure,
Tu rêves. Le vallon s'apaise solitaire
Dans l'ombre et le repos qui caressent la terre ;
Tu rêves et la terre est faite de ton rêve
Et ta forme à jamais se répand et s'élève
Et semble s'allonger sur les espaces bleus,
Ton corps limpide et clair flottant au-dessus d'eux,
Avec tes nobles bras entr'ouverts et ta tête
S'appuyant sur les monts indolente et muette.

Les rochers et les bois dorment sous ta grande ombre
   D'un sommeil plus divin.
  Car pâle elle s'étend, épure et rend moins sombre
   Le rêve des lointains.
  L'univers à demi dans la brume tranquille
  Élève les sommets et les fumeuses villes
   Où passent les humains,
  Et c'est dans une vaste et pensive harmonie
  Que répond longuement à ta mélancolie
   La courbe des confins.

Homme, ne vois-tu pas s'arrondir l'atmosphère
  Pâle et rêveusement enveloppant la terre ;
  Ne sens-tu pas la marche et la fuite légère
  Du monde harmonieux dont les amples rumeurs
  Passent en rythmes purs ceux des bouleaux pleureurs ?
  Écoute le chant calme et serein de la sphère
  Comme une mélodie aux accords plus lointains

Que l'ombre vaporeuse et la paix du matin.

C'est le balancement des brises
   Dans la fuite des vapeurs grises,
   Des parfums rêveurs et des eaux ;
   C'est le murmure des rameaux
   Sur le long silence des plaines,
   C'est le mystère, c'est l'haleine
   Des âmes, le soupir des fleurs ;
   Et l'ample unité de ce chœur
   Est comme un cercle de lumière
   Calme et pur autour de la terre.

Pourquoi pleurer dans la paix d'un bonheur
   Supra-terrestre et que murmure la douleur
   Qui ne soit plainte vaine et faiblesse du cœur ?
   L'espoir est un vain rêve auprès du long silence
   De ce bonheur mélodieux
   Où la terre rythmique et lente se balance.
   Jetons sur les confins le clair regard des Dieux,
   Que le sens éternel des lignes et des plaines
   Élève jusqu'à lui les âmes plus hautaines
   Et les égale à la Beauté
   Dans l'atmosphère pâle et de douce clarté.

L'aurore a blanchi l'herbe et réveillé l'oiseau,
   L'enfant nu se suspend et se berce aux rameaux
     Retombants du bouleau ;

LE VALLON

La fleur jeune et mouillée éclose de la terre
Répand une lueur dans l'ombre ; la fougère
Prend dans son fin réseau la svelte digitale
Et l'abeille sauvage erre sur les pétales.
C'est la voix du ruisseau caché sous la verdure
Qui s'éloigne et prolonge un limpide murmure ;
L'ombre de la clochette et celle de l'ombelle
Mettent sur ta chair blanche une molle dentelle
Qui danse avec la brise et semble respirer
Au mouvement pensif de ton souffle éthéré,
Ô Beauté.

Voici l'homme chargé
   D'un gros livre broché
   Plein d'assurance et sage.
   Que le monde est divers, mouvant, originel.
   Qu'il est atmosphérique en regard de ces pages
   Qui prétendent fleurir dans le temps éternel
   Et suivront le destin du sable et du nuage.
   Plus haut que la raison s'élève le silence
   Du vallon mélodique où l'âme se balance,
   Où devant la Beauté nue entre les fougères
   L'humanité défile ainsi qu'une étrangère
   Dans le sein de sa propre et divine ambiance.

Longue file d'indifférents,
   Rudes, bornés, les yeux errant

Sans rien voir et battus des vents.
Deux riches dames chuchotent
Dans leurs capelines hautes ;
L'une arrache d'un doigt pâle
La plus fière digitale.

Un jeune fou qui les suivait,
   Frisé, sanglé, étiqueté,
   Suave et blond,
   Porteur d'une tige d'ajonc,
   En a effleuré la Beauté.

Souris et danse sans flétrir
   Ces fins boutons prêts à fleurir ;
   Courbe-toi sous les grêles branches
   Et que la rondeur de ta hanche
   Soit pure et fraîche comme un vase
   Plein de lumière.
   Dame pensive dans l'extase,
   Enroule la tige légère
   Du bouleau autour de ton bras
   Et baise-la.

Ô longue, interminable file
   Qui chemine et semble immobile
   Tant elle est nombreuse. Ô vivants,
   Tristes, bornés, maigres, errant

Par les brumes et par le vent.

Pourquoi des femmes loqueteuses
   Et d'autres en robes de soie,
   Et ces figures douloureuses
   Auprès de ces ombres de joie ?
   Que veulent ces blêmes fiévreux
   Battant les branches autour d'eux ;
   Humaine et poussiéreuse houle
   Qui s'écoule.

Ces deux voluptueux ont attendu la lune.
   Épuisés et dolents dans les fougères brunes,
   Ils poursuivent encor de longs embrassements.
   Le bras noueux se crispe autour du torse blanc
   Et dans les cheveux fous des rameaux de cerises
   Miroitent d'un feu vert sous la lune. La brise
   Sèche à jamais la lèvre entr'ouverte au baiser
   Et ne peut rafraîchir ces membres embrasés.

Arrivent les danseurs sur la pelouse nette,
   Couples tourbillonnant et frôlant les clochettes ;
   De tendres vers luisants posés dans les cheveux,
   Des rires en tournant et de frêles aveux.
   Plus pâle de glisser à travers le feuillage,
   La lune par instant éclaire les visages,
   Une main blanche, un bras se détachant de l'ombre.

Et ces jouets humains articulés et sombres
Qui tournent mollement sous la lune s'en vont
Avec un rire éteint plus loin dans le Vallon.

Et toi, fille serrant encor sur ton sein nu
   Le petit enfant mort, sournoisement venu
   Et dont tes tristes mains ont étouffé la vie,
   Ici couche l'enfant sous les fleurs endormies
   Et regarde, songeuse, à mes côtés assise,
   Ce défilé poussé dans l'ombre par la brise.

Vois-tu, à ce bouleau un homme s'est pendu ;
   Longtemps il s'est bercé dans l'aube et sous la lune ;
   Le doux balancement de cette forme brune
   Imitait la ramure, et le ruisseau secret
   Qui coulait à ses pieds en un murmure frais
   S'éloignait comme cette brise et le pendu
   Se berçait comme l'herbe et la branche au-dessus.

Éternelle, muette et large solitude,
   Les ombres ont ici une telle amplitude,
   Un tel pouvoir de rêve et de recueillement
   Émane de ces bleus et longs vallonnements
   Que l'âme extasiée au faîte de l'espace
   Élève la pelouse où les bouleaux s'effacent.

Au loin, le monde pâle et ses coteaux dormants
Et son humanité falote en mouvement
Se voile, dessinant sous l'atmosphère humide
La ligne et la douceur de son orbe limpide ;
Et c'est durant la nuit de ces espaces calmes
Que la sphère terrestre apporte jusqu'à l'âme
Le chant pur et léger d'un silence lointain
Qui poursuit sa rumeur dans le sommeil divin.

Seuls maintenant la vierge avec son fiancé
    S'attardent sur la mousse. Elle a les yeux baissés
    Et sa main caressant les clochettes sereines
    Gomme une belle fleur elle-même se traîne.
    Le Vallon qui sourit à leur bonheur humain
    N'est pour eux dans la plaine avec ses bouleaux fins
    Qu'un site langoureux. Ils suivent une allée,
    Se penchant l'un vers l'autre et la marche ondulée.
    L'aube qui monte lente et grise
    Souffle sur leurs pas une brise
    Et cette brise en agitant l'herbage
    A réveillé l'enfant
    Qui, rose et nu, poursuit une abeille sauvage
    Derrière eux et leur jette en un rire éclatant
    L'appel le plus câlin de sa voix de printemps.

Ô Beauté nue à jamais solitaire,
    Élève ton corps blanc du milieu des fougères

Et laisse que le souffle ingénu du matin
Caresse ton épaule et le bout de ton sein ;
Laisse sous le jour bleu qui coule des ramures
S'élever noblement parmi ta chevelure
Ta forme svelte et songe au vaporeux murmure
Des feuillages traînants et des bouleaux pleureurs.
Dans une brume douce au loin la ville meurt
Et fume sur les monts où l'église s'envole
De l'essor infini de ses tourelles folles ;
Et le long des coteaux en un tournant chemin
La file nébuleuse et vague des humains
Regagne lentement ses murs pleins de mystère.

Il n'est rien de ce monde aux mortelles cités
   Que la ligne divine où l'enclôt la beauté.
   Berce-toi de ton propre rythme, ô calme joie,
   Dans le souffle onduleux que la brise t'envoie.
   Lorsqu'aux lueurs du soir le chant du rossignol
   Conduit en murmurant ta danse, sur le sol
   Ton ombre te répond et sa forme alanguie
   Imite devant toi ta pensive harmonie :
   Elle arrondit les bras et nage fluide et pâle
   Sur l'herbe velouteuse entre les bleus pétales ;
   Tu te mires en elle et sais dans ton silence
   Que la terre est pareille à cette ombre qui danse.

Sur les confins voilés et les souples collines
   L'azur enveloppant se pose en lueur fine.

Deux hommes vêtus de buée
   Gagnent la plaine hors de l'allée.

Un chien à peine dessiné
Les suit, tête basse, en cadence ;
On ne sait ce que le chien pense
Ni pourquoi ces gens embrumés
S'éloignent dans la somnolence.
La maison grise dans le pré.
Sur le seuil la femme apparaît,
Étend la main vers la prairie,
Puis rentre avec mélancolie.

Monde silencieux où ce vallon rêveur
   S'allonge dans une ombre et dans une fraîcheur
   De branches. Bleu vallon aux colonnes feuillues
   Où la clochette tremble, où le bouleau remue.

Chemine avec douceur entre les fleurs muettes,
   Élève tes bras blancs, incline ton beau corps,
   Entre-croise suavement tes jambes sveltes
   Pour une danse molle où le geste s'endort.
   L'oiseau qui s'était tu chante dans la ramure
   Du plus pâle bouleau et l'eau triste murmure.

Passe, Dame sereine, en jetant les longs plis
   De tes cheveux autour de tes membres polis
   Et parfois apparais nue et belle. Le rêve
   Enveloppe tes pas et ta forme et soulève
   Ta danse sur les fleurs. Écoute l'ombre et l'eau,
   Le secret mouvement des pins et des bouleaux
   Et de ta chevelure
   Poursuivre autour de toi leur fuite calme et pure.